AF284389

Impressum
Verlag: BABADADA GmbH, Nedderfeld 112 , 22529 Hamburg
Geschäftsführer / Verlagsleitung: Harald Hof
Druck: Books on Demand GmbH, In de Tarpen 42, 22848 Norderstedt

Imprint
Publisher: BABADADA GmbH, Nedderfeld 112 , 22529 Hamburg, Germany
Managing Director / Publishing direction: Harald Hof
Print: Books on Demand GmbH, In de Tarpen 42, 22848 Norderstedt

學校

مدرسه

教室
کلاس درس
除
تقسیم کردن
186/2
黑板
تخته
老師
معلم
紙
کاغذ
書寫
نوشتن
筆
خودکار
辦公桌
میز تحریر
直尺
خط کش
書
کتاب
學生
دانش آموز

書包

کیف مدرسه

鉛筆盒

جامدادی

鉛筆

مداد

削鉛筆機

تراش

橡皮擦

پاک کن

畫板

دفتر رسم

圖畫

طراحی

畫筆

قلم مو

顏料盒

جعبه ی آبرنگ

剪刀

قیچی

膠水

چسب

練習冊

کتاب تمرین

家庭作業

تکلیف خانه

12

數字

رقم

2+2

加

جمع کردن

5-2

減

تفریق کردن

2×2

乘

ضرب کردن

計算

محاسبه کردن

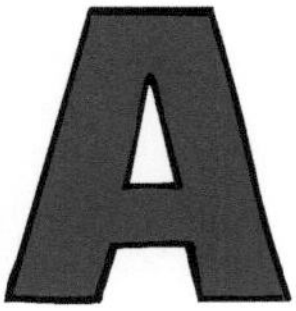

A

字母

حرف الفبا

ABCDEFG
HIJKLMN
OPQRSTU
VWXYZ

字母表

الفبا

hello

字

کلمه

課文

متن

讀

خواندن

粉筆

گچ

上課

درس

登記

ثبت نام

考試

امتحان

證書

مدرک رسمی

校服

لباس مدرسه

教育

تحصیلات

百科全書

دانشنامه

大學

دانشگاه

顯微鏡

میکروسکوپ

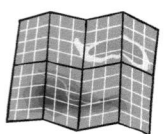

地圖

نقشه

廢紙簍

سبد کاغذ باطله

旅行

سفر

飯店
هتل
Grand
青年旅社
مسافرخانه
ROOMS
EXCHANGE
外幣兌換處
صرافی
手提箱
چمدان
汽車
اتومبیل

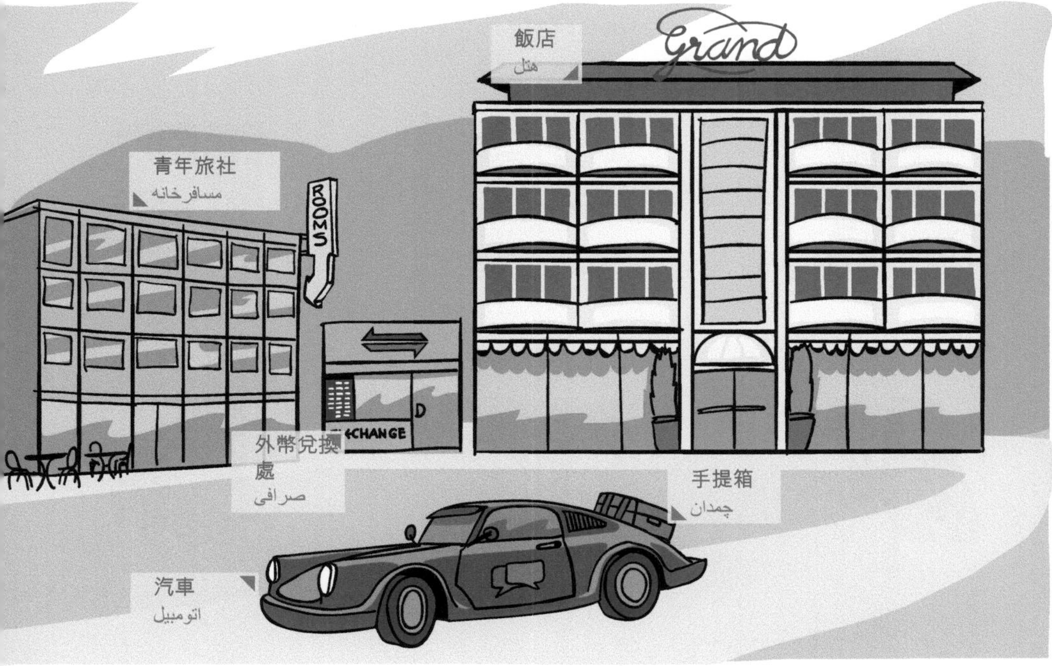

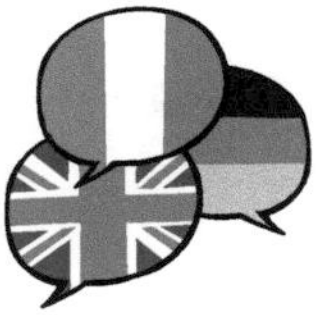

語言

زبان

是/否

بله / خیر

好的

أکی

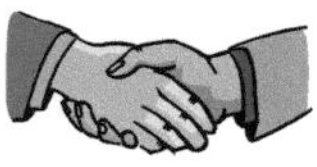

您好

سلام

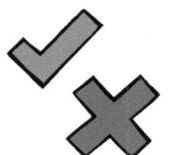

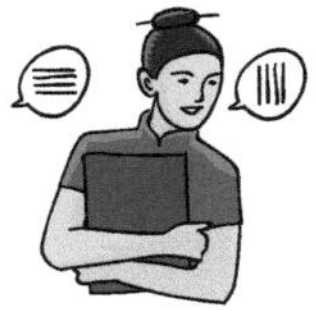

翻譯人員

مترجم

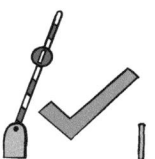

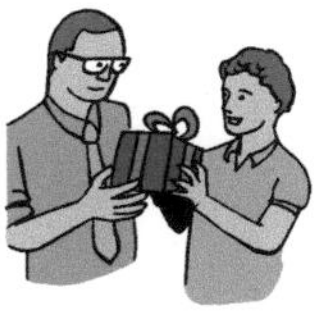

謝謝

ممنون

……多少錢？

قیمت ... چه قدر است؟

我不明白

من متوجه نمی شوم

問題

مشکل

晚上好！

عصر بخیر! / شب بخیر!

早上好！

صبح بخیر!

晚安！

شب بخیر!

再見

خدانگهدار

方向

جهت

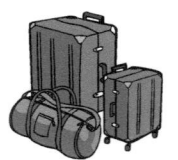

行李

بار سفر

包

کیف

背包

کوله پشتی

客人

مهمان

房間

اتاق

睡袋

کیسه خواب

帳篷

خیمه

旅行資訊

مرکز راهنمای گردشگران

海灘

ساحل

信用卡

کارت اعتباری

早餐

صبحانه

午餐

نهار

晚餐

شام

票

بلیط

電梯

آسانسور

郵票

مهر

邊界

مرز

海關

گمرک

大使館

سفارتخانه

簽證

ویزا

護照

گذرنامه

交通運送

حمل و نقل

飛機
هواپیما
船
کشتی
消防車
ماشین آتش نشانی
公車
اتوبوس
卡車
کامیون
汽艇
قایق موتوری
汽車
اتومبیل
腳踏車
دوچرخه

渡輪

کشتی مسافربری

小船

قایق

機車

موتورسیکلت

警車

ماشین پلیس

賽車

ماشین مسابقه

租車

ماشین کرایه ای

拼車

به اشتراک گذاری اتوموبیل

拖車

جرثقیل

垃圾車

ماشین حمل زباله

馬達

موتور

汽油

بنزین

加油站

پمپ بنزین

交通標識

تابلو راهنمایی و رانندگی

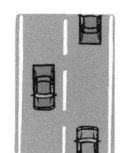

交通

عبور و مرور

交通堵塞

ترافیک

停車場

پارکینگ

火車站

ایستگاه قطار

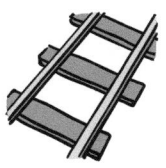

軌道

ریل راه آهن

火車

قطار

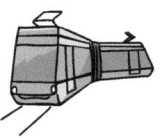

路面電車

قطار برقی

客車廂

واگن

直升機

هليکوپتر

機場

فرودگاه

塔

برج

乘客

مسافر

集裝箱

کانتینر

紙板箱

کارتن

手推車

گاری

籃子

سبد

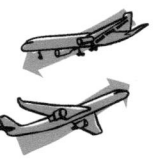

起飛/降落

به پرواز درآمدن / فرود آمدن

城市

شهر

村莊

دهکده

市中心

مرکز شهر

房子

خانه

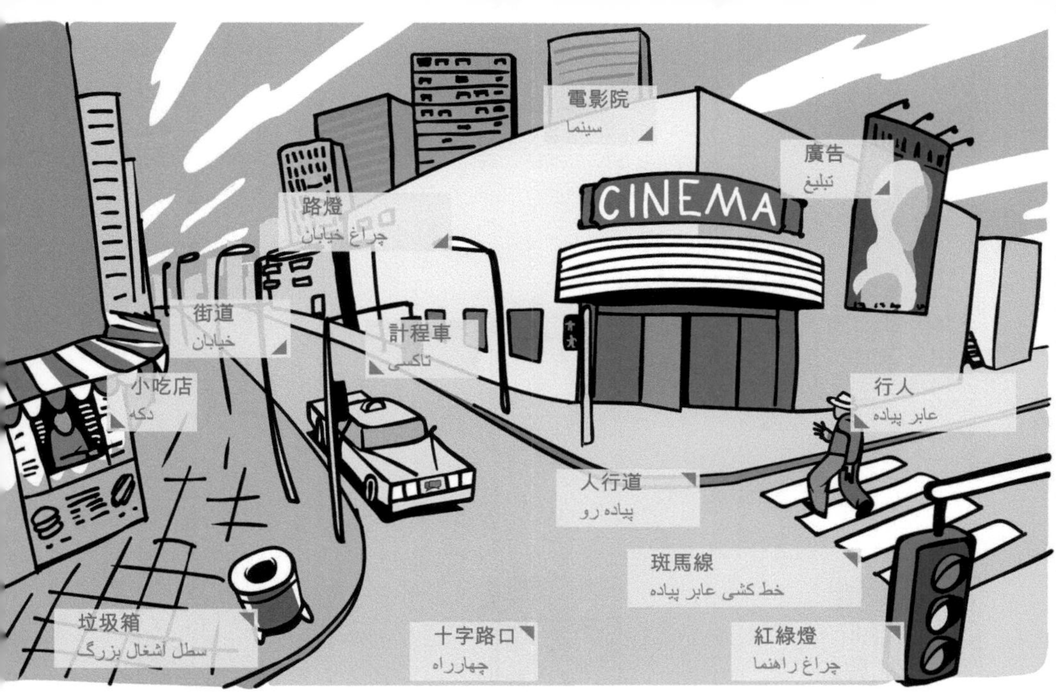
電影院
سینما
廣告
تبلیغ
CINEMA
路燈
چراغ خیابان
街道
خیابان
計程車
تاکسی
小吃店
دکه
行人
عابر پیاده
人行道
پیاده رو
斑馬線
خط کشی عابر پیاده
垃圾箱
سطل آشغال بزرگ
十字路口
چهارراه
紅綠燈
چراغ راهنما

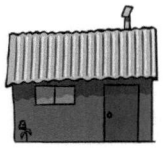

小屋

کلبه

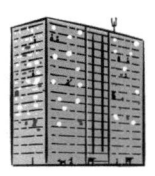

公寓

آپارتمان

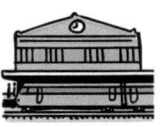

火車站

ایستگاه قطار

市政廳

ساختمان شهرداری

MUSEUM

博物館

موزه

學校

مدرسه

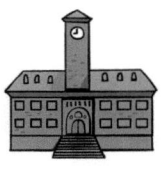

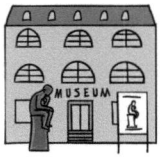

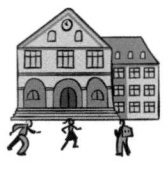

大學

دانشگاه

銀行

بانک

醫院

بیمارستان

飯店

هتل

藥房

داروخانه

辦公室

اداره

書店

کتابفروشی

商店

مغازه

花店

گل فروشی

超市

سوپرمارکت

市場

بازار

百貨商店

فروشگاه بزرگ

魚店

ماهی فروش

購物中心

مرکز خرید

海港

بندر

公園

پارک

長凳

نیمکت

橋

پل

樓梯

پله

捷運

مترو

隧道

تونل

公車站

ایستگاه اتوبوس

酒吧

میخانه

餐館

رستوران

郵筒

صندوق پست

路標

تابلوی خیابان

停車計時器

دستگاه پارکومتر

動物園

باغ وحش

游泳池

استخر شنای عمومی

清真寺

مسجد

農場

مزرعه

污染

آلودگی محیط زیست

墓地

قبرستان

教堂

کلیسا

操場

زمین بازی

寺廟

معبد

地形
چشم انداز

樹葉
برگ

指示牌
تابلوی راهنمای مسیر

路
راه

草地
چمنزار

石頭
سنگ

樹
درخت

徒步旅行者
راه نورد

河
رودخانه

草
چمن

花
گل

峽谷

دره

丘陵

تپه

湖

دریاچه

森林

جنگل

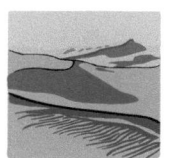

沙漠

بیابان

火山

کوه آتشفشان

城堡

قلعه

彩虹

رنگین کمان

蘑菇

قارچ

棕櫚樹

درخت نخل

蚊子

پشه

蒼蠅

مگس

螞蟻

مورچه

蜜蜂

زنبور

蜘蛛

عنکبوت

甲蟲

سوسک

青蛙

قورباغه

松鼠

سنجاب

刺蝟

جوجه تيغی

野兔

خرگوش صحرايی

貓頭鷹

جغد

鳥

پرنده

天鵝

قو

野豬

گراز

鹿

گوزن نر

麋鹿

گوزن شمالی

水壩

سد آب

風力發電機

توربين بادی

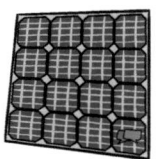

太陽能電池板

صفحه ی خورشيدی

氣候

آب و هوا

餐館

رستوران

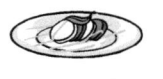

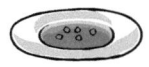

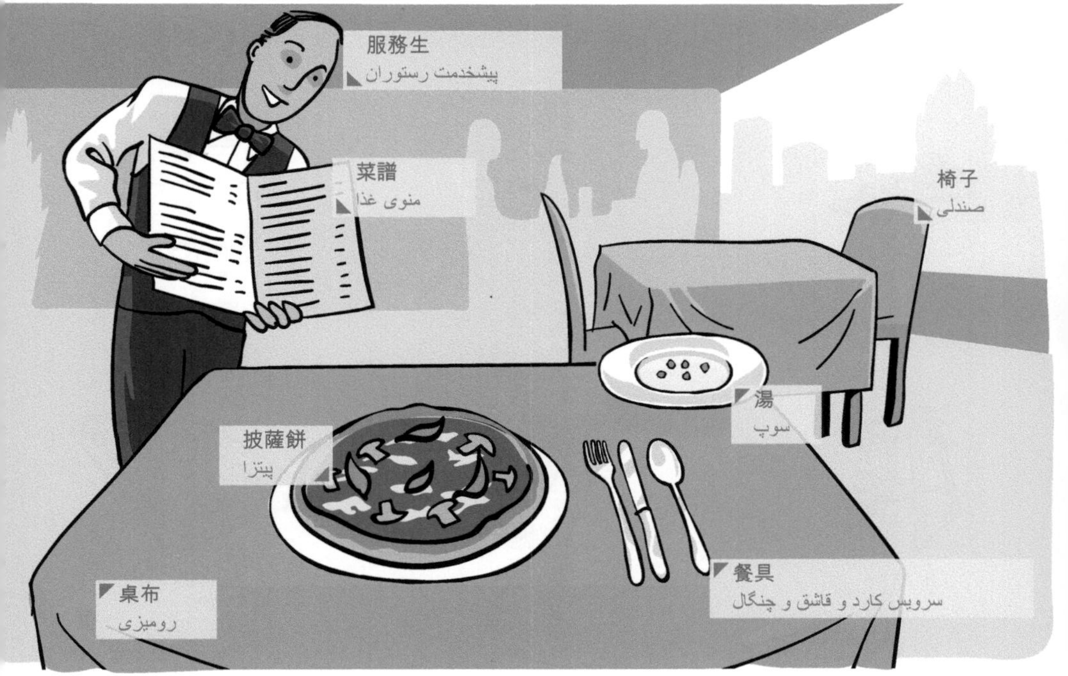

服務生
پیشخدمت رستوران
菜譜
منوی غذا
椅子
صندلی
湯
سوپ
披薩餅
پیتزا
餐具
سرویس کارد و قاشق و چنگال
桌布
رومیزی

前菜

پیش‌غذا

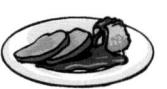

主菜

غذای اصلی

甜點

دسر

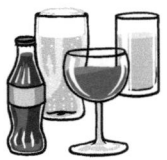

飲料

نوشیدنی ها

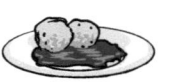

食物

غذا

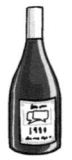

瓶子

بطری

速食

فست فود

街邊小吃

اغذيه خيابانى

茶壺

قورى

糖盒

قندان

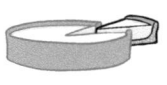

一份飯菜

پُرس غذا

義式咖啡機

دستگاه اسپرسو

高腳椅

صندلى پايه بلند غذاخورى بچه

帳單

صورتحساب

托盤

سينى

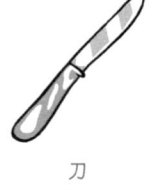

刀

چاقو

餐叉

چنگال

勺子

قاشق

茶匙

قاشق چايخورى

餐巾

دستمال سفره

玻璃杯

ليوان

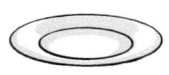

碟子

بشقاب

湯盤

بشقاب سوپخورى

碟子

نعلبكى

醬

سس

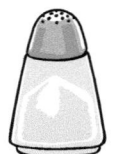

鹽瓶

نمكدان

胡椒研磨罐

فلفل ساب

醋

سركه

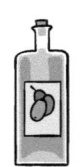

食用油

روغن خوراكى

調味料

ادويه جات

番茄醬

سس كچاپ

芥末

سس خردل

美乃滋

سس مايونز

超市

سوپرمارکت

特價
پیشنهاد ویژه
顧客
مشتری
乳製品
لبنیات
水果
میوه جات
購物車
چرخ دستی خرید

肉鋪

قصابی

麵包店

نانوایی

稱重

وزن کردن

蔬菜

سبزیجات

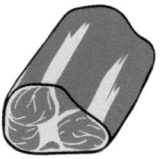

肉

گوشت

冷凍食品

غذای منجمد

冷盤

مخلوطی از انواع کالباس یا پنیر ک
ورقه ای بریده شده باشند

罐頭食品

غذای کنسروی

洗衣粉

پودر لباسشویی

甜食

شیرینی جات

日用品

لوازم خانگی

清潔用品

ماده شوینده و پاک کننده

銷售員

فروشنده

收銀機

صندوق پرداخت

收銀員

صندوقدار

購物清單

لیست خرید

開放時間

ساعات کار

錢包

کیف پول

信用卡

کارت اعتباری

袋子

کیف

塑膠袋

کیسه ی پلاستیکی

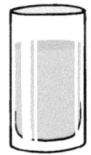

飲料
نوشیدنی ها

水

آب

果汁

آبمیوه

牛奶

شیر

可樂

نوشابه کوکاکولا

紅酒

شراب

啤酒

آبجو

酒

الکل

可可

کاکائو

茶

چای

咖啡

قهوه

義式濃縮咖啡

قهوه اسپرسو

卡布奇諾

کاپوچینو

食物

غذا

香蕉

موز

蘋果

سیب

柳丁

پرتقال

西瓜

انواع هندوانه و خربزه

檸檬

لیمو

胡蘿蔔

هویج

大蒜

سیر

竹子

نی بامبو

洋蔥

پیاز

蘑菇

قارچ

堅果

آجیل

麵條

ماکارونی

義大利麵

اسپاگتی

米飯

برنج

沙拉

سالاد

薯條

سیب زمینی سرخ کرده

炸馬鈴薯

سیب زمینی سرخ شده

披薩餅

پیتزا

漢堡

همبرگر

三明治

ساندویچ

炸豬排

شنیتسل

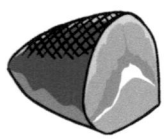

火腿

ژامبون خوک

義大利臘腸

سالامی

香腸

سوسیس

雞肉

مرغ

烤肉

نوعی گوشت سرخ شده

魚

ماهی

燕麥片

جوی پرک شده

木斯里

نوعی صبحانه مخلوطی از برگه ذرت و
میوه های خشک شده و خشکبار که
معمولا با شیر خورده می شود

玉米片

کورن‌فلکس

麵粉

آرد

牛角麵包

کرواسان

麵包捲

نان بروتشن

麵包

نان

吐司

نان تست

餅乾

بیسکویت

奶油

کره

凝乳

کشک

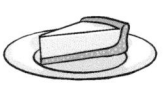

蛋糕

کیک

蛋

تخم مرغ

煎蛋

تخم مرغ نیمرو

起司

پنیر

冰淇淋

بستنی

糖

شکر

蜂蜜

عسل

果醬

مربا

巧克力醬

کرم شکلاتی بادامی

咖哩

ادویه کاری

農場

مزرعه

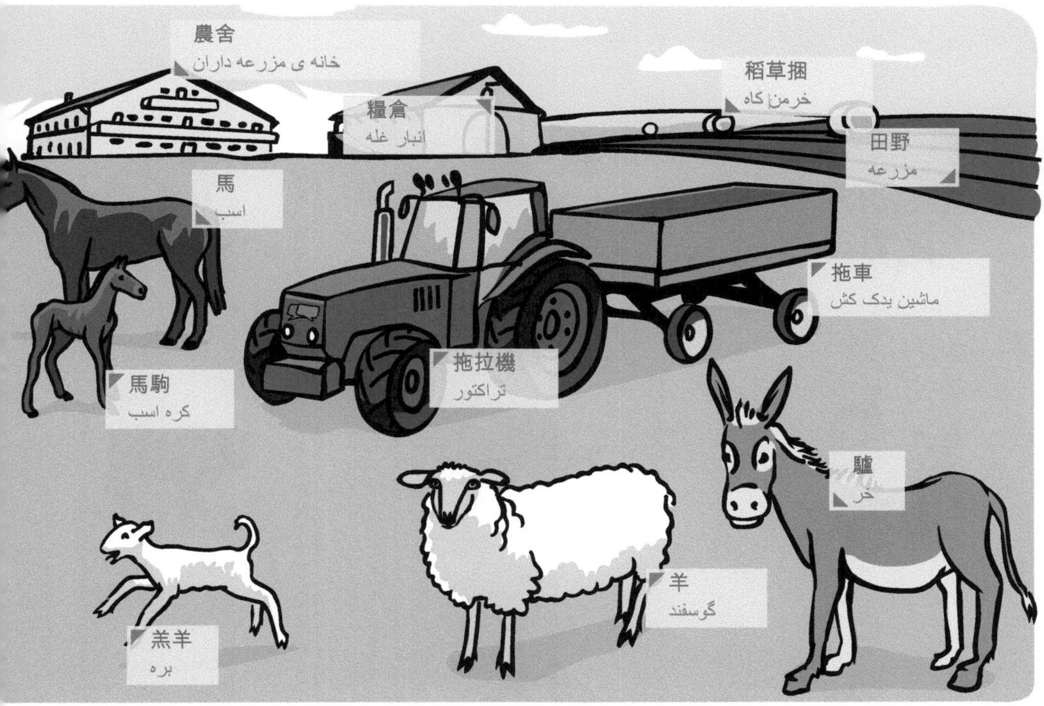

農舍
خانه ی مزرعه داران
稻草捆
خرمن گاه
糧倉
انبار غله
田野
مزرعه
馬
اسب
拖車
ماشین یدک کش
拖拉機
تراکتور
馬駒
کره اسب
驢
خر
羊
گوسفند
羔羊
بره

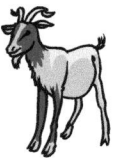

山羊

بز

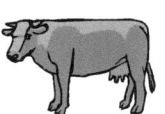

奶牛

گاو ماده

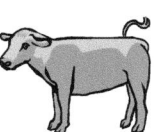

小牛

گوساله

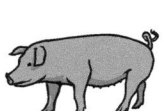

豬

خوک

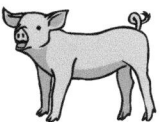

小豬

بچه خوک

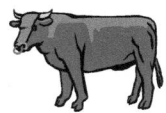

公牛

گاو نر

鵝

غاز

鴨

اردک

小雞

جوجه

母雞

مرغ

公雞

خروس

鼠

موش صحرایی

貓

گربه

老鼠

موش

牛

گاو نر اخته

狗

سگ

狗屋

لانه ی سگ

花園澆水軟管

شلنگ باغبانی

澆水壺

آبپاش

長柄大鐮刀

داس دسته بلند

犁

گاوآهن

鐮刀

داس

鋤頭

كج بيل

長柄草耙

چنگک باغبانی

斧頭

تبر

獨輪手推車

فرقون

飼料槽

آبشخور

牛奶罐

بطری نگهداری شیر

麻布袋

كيسه

柵欄

حصار

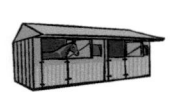

馬廄

اصطبل

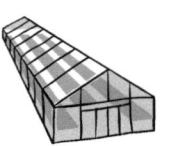

溫室

گلخانه

土壤

خاک

種子

بذر

肥料

كود

聯合收割機

ماشین کمباین

收割

برداشت کردن محصول

收割

محصول

地瓜

تمیس

小麥

گندم

大豆

سویا

土豆

سیب زمینی

玉米

ذرت

油菜籽

کلزا

果樹

درخت میوه

樹薯

گیاه مانیوک

穀物

غلات

房子

خانه

دودکش
屋頂
پشت بام
落水管
ناودان
窗戶
پنجره
車庫
گاراژ
門鈴
زنگ در
門
در
垃圾桶
سطل آشغال
信箱
صندوق مراسلات
花園
باغ

客廳

اتاق نشیمن

浴室

حمام

廚房

آشپزخانه

臥室

اتاق خواب

兒童房

اتاق بچه

餐廳

ناهارخوری

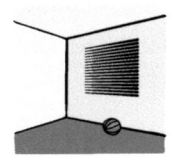

地板

كف زمين

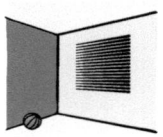

牆壁

ديوار

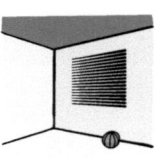

天花板

سقف

地窖

زيرزمين

三溫暖

سونا

陽臺

بالكن

露臺

تراس

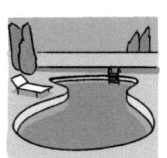

游泳池

استخر

割草機

ماشين چمنزنى

被單

ملافه

床罩

روتختى

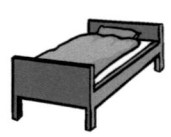

床

تخت خواب

掃帚

جارو

水桶

سطل

開關

سويچ يا كليد

客廳
اتاق نشیمن

壁紙
کاغذ دیواری
相片
عکس
檯燈
لامپ
擱架
قفسه
櫥櫃
کابینت
電視
تلویزیون
壁爐
شومینه
花
گل
墊子
کوسن
沙發
کاناپه
花瓶
گلدان
遙控器
کنترل تلویزیون و ویدئو و غیره

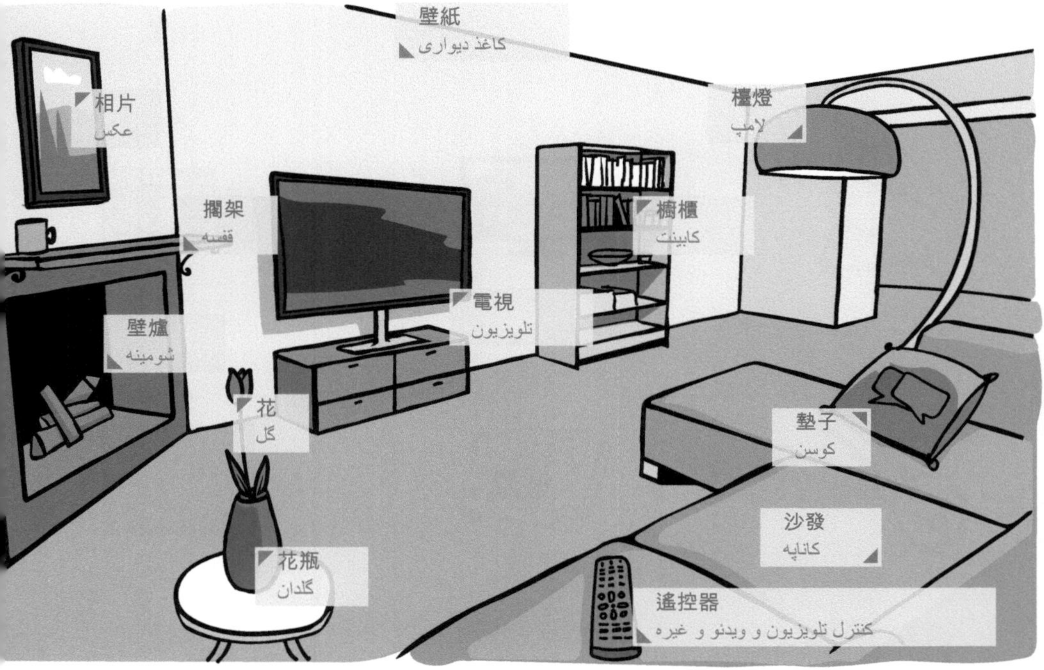

地毯

فرش

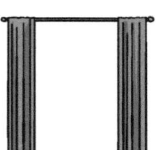

窗簾

پرده

餐桌

میز

椅子

صندلی

搖椅

صندلی گهواره ایی

扶手椅

صندلی راحتی

書

كتاب

毯子

لحاف

裝飾品

دكوراسيون

木柴

هيزم

電影

فيلم

高傳真音響

دستگاه ضبط صوت

鑰匙

كليد

報紙

روزنامه

油畫

تابلو نقاشى

海報

پوستر

收音機

راديو

筆記本

دفترچه يادداشت

吸塵器

جاروبرقى

仙人掌

كاكتوس

蠟燭

شمع

廚房

آشپزخانه

微波爐
ماکروویو
冰箱
یخچال
廚房秤
ترازوی آشپزخانه
烤麵包機
تستر
洗潔精
ماده شوینده و پاک کننده
烤箱
فر خوراک پزی
冰櫃
جایخی
垃圾桶
سطل آشغال
洗碗機
ماشین ظرفشویی

炊具

اجاق گاز

鍋

قابلمه

鑄鐵鍋

قابلمه چدنی

炒鍋

ماهی تابه گود

平底鍋

ماهی تابه

水壺

کتری

廚房 - آشپزخانه 35

蒸鍋

بخارپز

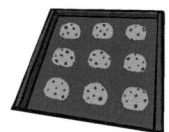

烤盤

سینی فر

陶瓷鍋

ظرف چینی آشپزخانه

馬克杯

لیوان

碗

کاسه

筷子

چاپستیک

長柄勺

ملاقه

鏟子

کفگیر

攪拌器

همزن

濾網

آبکش

篩子

آبکش

磨碎機

رنده

研缽

هاون

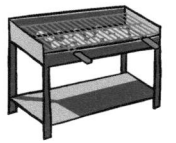

燒烤

باربیکیو

明火

محل مخصوص افروختن آتش

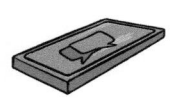

菜板

تخته گوشت و سبزی

擀麵杖

وردنه

開瓶器

در بطری بازکن

罐子

قوطی

開罐器

در قوطی بازکن

隔熱手套

دستگیره پارچه ای

水槽

سینک ظرفشویی

刷子

برس گردگیری

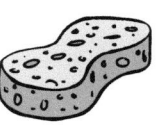

海綿

اسفنج

攪拌機

مخلوط کن

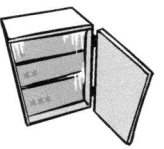

冷藏箱

فریزر

奶瓶

شیشه شیر بچه

水龍頭

شیر آب

浴室

حمام

دوش
供暖裝置
بخاری
毛巾
حوله
浴簾
پرده ی حمام
泡沫浴
حمام کف
浴缸
وان حمام
玻璃杯
لیوان
洗衣機
ماشین لباسشویی
水龍頭
شیر آب
瓷磚
کاشی
便壺
لگن دستشویی کودکان
水槽
سینک ظرفشویی

廁所

توالت

蹲便器

توالت ایرانی

坐浴器

کاسه توالت

小便斗

توالت مخصوص آقایان

廁紙

دستمال توالت

馬桶刷

فرچه توالت

浴室 - حمام

牙刷

مسواک

牙膏

خمیردندان

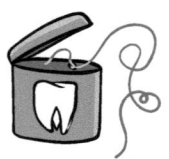

牙線

نخ دندان

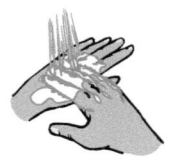

洗

شستن

手持式蓮蓬頭

دوش آب تلفنی

沖洗器

شلنگ توالت

洗臉盆

لگن روشویی

洗背刷

برس شست و شوی پشت

肥皂

صابون

沐浴露

شامپو بدن

洗髮乳

شامپو

法蘭絨

لیف حمام

排水

راه آب

乳霜

کرم

除臭劑

اسپری دئودورانت

鏡子

آیینه

手鏡

آیینه ی کوچک دستی

刮鬍刀

تیغ ریش تراشی

刮鬍泡沫

کف ریش‌تراشی

鬍後水

آفترشیو

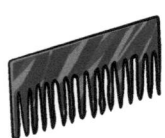

梳子

شانه ی سر

刷子

برس

吹風機

سشوار

噴髮定型劑

اسپری مو

化妝品

آرایش

唇膏

رژلب

指甲油

لاک ناخن

化妝棉

پنبه

指甲剪

قیچی ناخن

香水

عطر

洗漱包

کیف لوازم آرایشی و بهداشتی

凳子

چهارپایه

計重秤

ترازو

浴袍

حوله ی پالتویی

橡膠手套

دستکش ظرفشویی

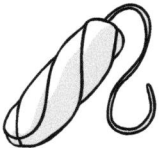

衛生棉條

تامپون

衛生棉

نوار بهداشتی

化學廁所

توالت سیار

兒童房

اتاق بچه

鬧鐘
ساعت زنگدار
毛絨玩具
نوعی عروسک نرم به شکل حیوانات
玩具車
ماشین اسباب بازی
撥浪鼓
جغجغه
玩具屋
خانه ی عروسکی
禮物
کادو

氣球

بادکنک

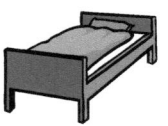

床

تخت خواب

嬰兒車

کالسکه بچه

撲克牌

بازی ورق

拼圖

پازل

漫畫

داستان مصور

樂高積木

اسباب بازی لگو

積木玩具

خانه سازی

公仔

عروسک شخصیت های فیلم و کارتون

嬰兒服

لباس نوزاد

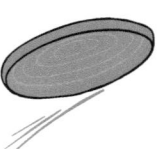

飛盤

فریزبی

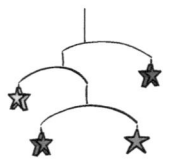

床鈴玩具

نوعی اسباب بازی که روی تخت نوزاد
یا کودک نصب می شود

棋盤遊戲

بازی روی صفحه

骰子

تاس

火車模型

قطار اسباب بازی

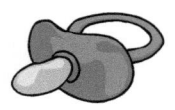

安撫奶嘴

پستانک

派對

مهمانی

繪本

کتاب مصور

球

توپ

洋娃娃

عروسک

玩

بازی کردن

沙坑

جعبه شنی مخصوص بازی کودکان

鞦韆

تاب

玩具

اسباب بازی

電玩遊戲

کنسول بازی های کامپیوتری

三輪車

سه چرخه

泰迪熊

خرس عروسکی

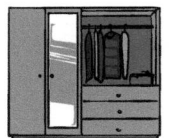

衣櫃

کمد لباس

衣服

لباس

襪子

جوراب

長襪

جوراب زنانه ساق بلند

緊身褲

جوراب شلواری

圍巾
شال

皮帶
کمربند

雨傘
چتر

T恤
تی شرت

運動鞋
کفش ورزشی کتانی

靴子
پوتین

拖鞋
دمپایی

涼鞋
....
صندل

鞋
....
کفش

雨靴
....
چکمه پلاستیکی

內褲
....
شرت

胸罩
....
سوتین

背心
....
جلیقه

衣服 - لباس　　　　　45

身體

بادی

褲子

شلوار

牛仔褲

جین

短裙

دامن

女式襯衫

بلوز

襯衫

پیراهن

套頭衫

پولیور

連帽上衣

سویی شرت

西裝夾克

نوعی کت

夾克

ژاکت

外套

کت بلند

雨衣

بارانی

套裝

لباس نمایش

連衣裙

لباس

婚紗

لباس عروس

西裝

کت و شلوار

睡袍

لباس خواب زنانه

睡衣

پیژامه

莎麗

ساری

頭巾

روسری

包頭巾

عمامه

波卡

برقع

卡夫坦

قبا

(阿拉伯式)長袍

عبا

泳衣

لباس شنا

男式泳褲

شرت شنا

短褲

شلوارک

運動服

لباس ورزشی

圍裙

پیشبند

手套

دستکش

鈕扣

دکمه

眼鏡

عینک

手鏈

دستبند

項鍊

گردنبند

戒指

انگشتر

耳環

گوشواره

便帽

کلاه لبه دار

衣架

چوب لباسی

帽子

کلاه

領帶

کراوات

拉鍊

زیپ

安全帽

کلاه ایمنی

背帶

بند شلوار

校服

لباس مدرسه

制服

لباس فرم

圍兜

پیش بند بچه

安撫奶嘴

پستانک

尿布

پوشک بچه

辦公室

اداره

檔案櫃
کمد نگهداری پرونده

伺服器
سرور

印表機
چاپگر

螢幕
مانیتور

紙
کاغذ

滑鼠
ماوس

辦公桌
میز تحریر

資料夾
زونکن

鍵盤
صفحه کلید

椅子
صندلی

廢紙簍
سبد کاغذ باطله

電腦
کامپیوتر

咖啡杯

لیوان قهوه

計算機

ماشین حساب

網際網路

اینترنت

筆記型電腦

لپ تاپ

信件

نامه

簡訊

پیغام

行動電話

تلفن همراه

網路

شبکه ی ارتباطی

影印機

دستگاه فتوکپی

軟體

نرم افزار

電話

تلفن

插座

پریز

傳真機

دستگاه فاکس

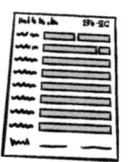

表格

فرم

檔案

مدرک

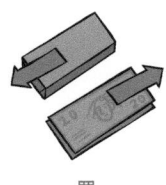

買

خریدن

付錢

پرداخت کردن

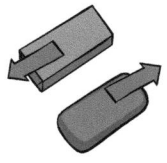

交易

تجارت کردن

現金

پول

美元

دلار

歐元

یورو

日元

ین

盧布

روبل

瑞士法郎

فرانک سوئیس

人民幣

یوان رنمینبی

盧比

روپیه

提款處

دستگاه خودپرداز

外幣兌換處

صرافى

金

طلا

銀

نقره

石油

نفت

能源

انرژى

價格

قيمت

合約

قرارداد

稅金

ماليات

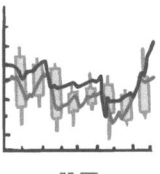

股票

سهام سرمايه

工作

كار كردن

職員

كارمند

老闆

كارفرما

工廠

كارخانه

商店

مغازه

警官
مامور پلیس

消防員
آتش نشان

廚師
آشپز

醫師
دکتر

飛行員
خلبان

園丁

باغبان

木匠

نجار

裁縫

خیاط زنانه

法官

قاضی

化學家

شیمیدان

演員

بازیگر

公車司機

راننده اتوبوس

計程車司機

راننده تاکسی

漁夫

ماهیگیر

清洗女工

نظافتچی زن

屋頂工

سقف ساز

服務生

پیشخدمت رستوران

獵人

شکارچی

畫家

نقاش

麵包師

نانوا

電工

برقکار

建築工人

کارگر ساختمانی

工程師

مهندس

屠夫

قصاب

水管工

لوله کش

郵差

پستچی

士兵

سرباز

建築師

معمار

收銀員

صندوقدار

花農

گل فروش

理髮師

آرایشگر

售票員

مامور کنترل بلیط در قطار

機械技師

مکانیک

船長

ناخدا

牙醫

دندانپزشک

科學家

دانشمند

拉比

عالم یهودی

伊瑪目

امام

和尚

راهب

牧師

کشیش

職業 - مشاغل

55

工具
ابزارآلات

鐵錘
چکش
鉗子
انبردست
螺絲起子
پیچ گوشتی
扳手
آچار
手電筒
چراغ قوه

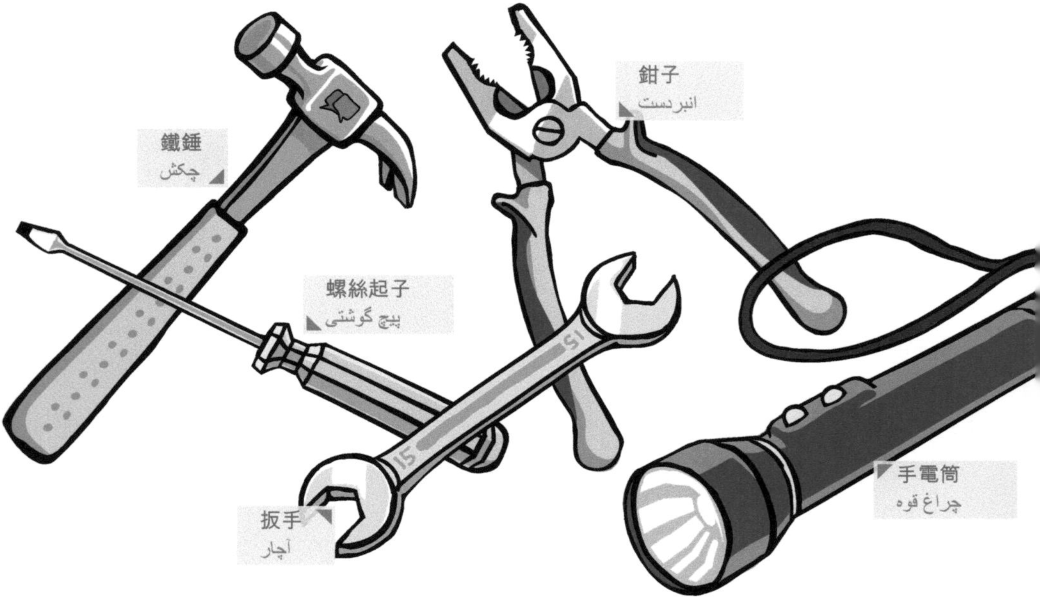

挖掘機

بیل مکانیکی

工具箱

جعبه ابزار

梯子

نردبان

鋸子

ارّه

釘子

میخ

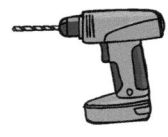

鑽機

مته

修
تعمیر کردن

鏟子
بیل

糟糕！
لعنتی!

畚箕
خاک انداز

油漆桶
سطل رنگرزی

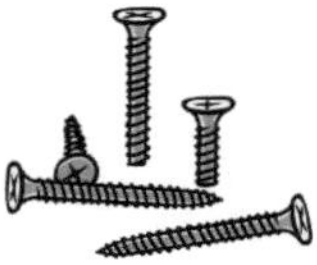

螺絲
پیچ

樂器
آلات موسیقی

揚聲器
بلندگو

打擊樂器
درامز ◢

低音提琴
کنترباس

小號
ترومپت

吉他
گیتار ◢

鋼琴

پیانو

小提琴

ویولن

貝斯

گیتار بیس

定音鼓

تیمپانی

鼓

طبل

電子琴

کیبورد الکتریک

薩克斯風

ساکسیفون

長笛

فلوت

麥克風

میکروفون

動物園

باغ وحش

老虎
ببر
入口
ورودی
籠子
قفس
斑馬
گورخر
خوراک حیوانات
熊貓
خرس پاندا

動物

حیوانات

大象

فیل

袋鼠

کانگورو

犀牛

کرگدن

大猩猩

گوریل

熊

خرس

駱駝

شتر

鴕鳥

شترمرغ

獅子

شیر

猴子

میمون

紅鶴

فلامینگو

鸚鵡

طوطی

北極熊

خرس قطبی

企鵝

پنگوئن

鯊魚

کوسه

孔雀

طاووس

蛇

مار

鱷魚

تمساح

動物園管理員

نگهبان باغ وحش

海豹

خوک آبی

美洲豹

پلنگ امریکایی

矮種馬

اسب کوچک

豹

پلنگ

河馬

اسب آبی

長頸鹿

زرافه

老鷹

عقاب

野豬

گراز

魚

ماهی

龜

لاک پشت

海象

شیرماهی

狐狸

روباه

羚羊

غزال

體育

ورزش ها

橄欖球
فوتبال آمریکایی
騎腳踏車
دوچرخه سواری
網球
تنیس
籃球
بسکتبال
游泳
شنا
拳擊
بوکس
冰球
هاکی روی یخ

美式足球

فوتبال

羽毛球

بدمینتون

田徑

دوومیدانی

手球

هندبال

滑雪

اسکی

馬球

پولو

跳
پریدن

擁抱
بغل کردن

笑
خندیدن

走路
راه رفتن

唱
آواز خواندن

祈禱
دعا کردن

親吻
بوسیدن

做夢
رؤیا دیدن

書寫
نوشتن

畫
رسم کردن

展示
نشان دادن

推
هل دادن

給
دادن

拿
برداشتن

有

داشتن

做

انجام دادن

當

بودن

站

ایستادن

跑

دویدن

拉

کشیدن

丟

پرتاب کردن

摔倒

افتادن

躺

دراز کشیدن

等待

منتظر بودن

攜帶

حمل کردن

坐

نشستن

穿衣

لباس پوشیدن

睡覺

خوابیدن

醒來

بیدار شدن

看

تماشا کردن

哭

گریه کردن

撫摩

نوازش کردن

梳頭

شانه کردن

交談

حرف زدن

明白

فهمیدن

問

پرسیدن

聽

شنیدن

喝

آشامیدن

吃

خوردن

清理

مرتب کردن

愛

عاشق بودن

做飯

پختن

開車

رانندگی کردن

飛

پرواز کردن

航行

قایقرانی کردن

計算

محاسبه کردن

讀

خواندن

學習

یاد گرفتن

工作

کار کردن

結婚

ازدواج کردن

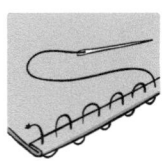

縫

دوختن

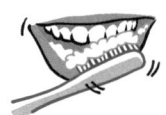

刷牙

مسواک زدن

殺

کشتن

抽菸

سیگار کشیدن

寄

فرستادن

家

خانواده

祖母
مادربزرگ
祖父
پدربزرگ
父親
پدر
母親
مادر
嬰兒
کودک
女兒
فرزند دختر
兒子
فرزند پسر

客人

مهمان

阿姨

خاله، عمه

叔叔

دایی، عمو

兄弟

برادر

姐妹

خواهر

身體

بدن

前額
پیشانی
眼睛
چشم
肩膀
شانه
手指
انگشت دست
臉
صورت
下巴
چانه
手
دست
腿
ساق پا
乳房
سینه
手臂
بازو

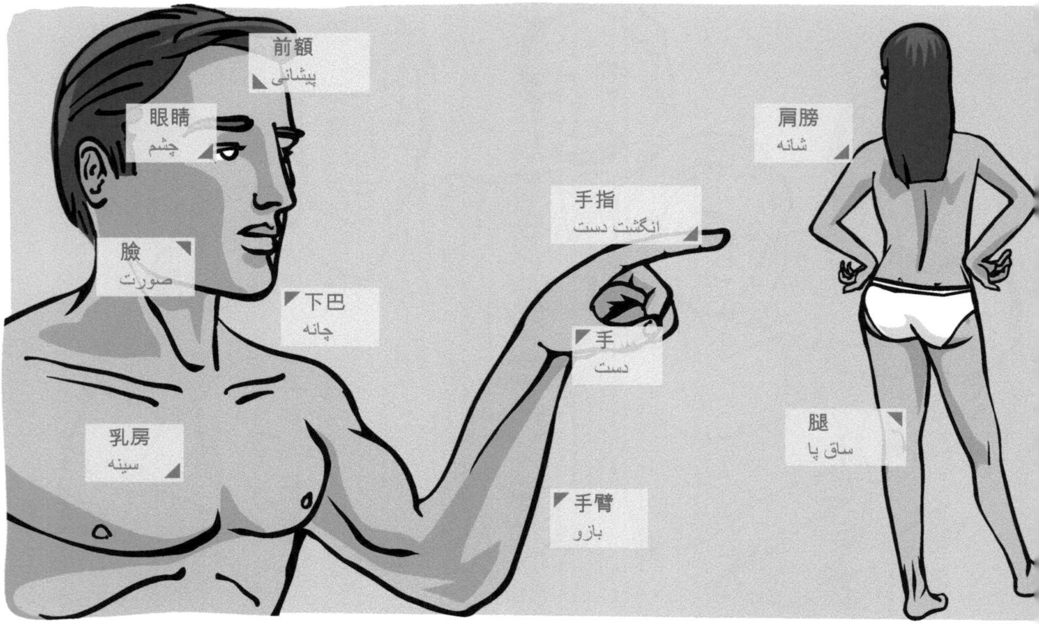

嬰兒

کودک

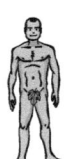

男人

مرد

女人

زن

女孩

دختربچه

男孩

پسربچه

頭

کله

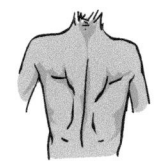

背部

كمر

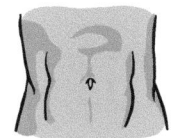

肚子

شکم

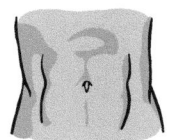

肚臍

ناف

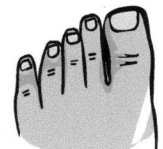

腳趾

انگشت پا

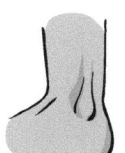

腳後跟

پاشنه

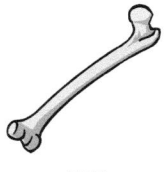

骨頭

استخوان

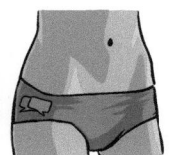

臀部

لگن

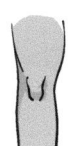

膝蓋

زانو

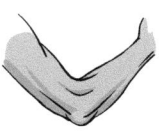

手肘

آرنج

鼻子

بینی

屁股

نشیمنگاه

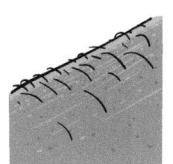

皮膚

پوست

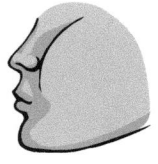

臉頰

گونه

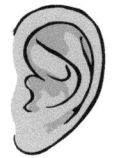

耳朵

گوش

嘴唇

لب

嘴

دهان

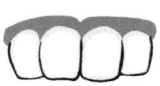

牙齒

دندان

舌頭

زبان

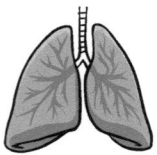

腦

مغز

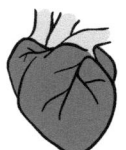
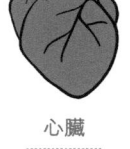

心臟

قلب

肌肉

عضله

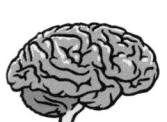

肺

ریه

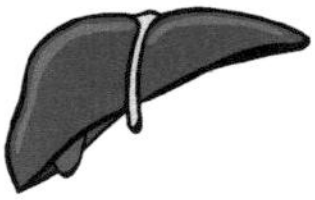

肝臟

كبد

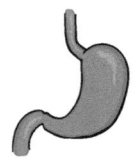

胃

معده

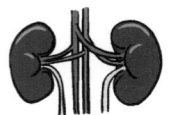

腎臟

كليه

性交

آميزش جنسى

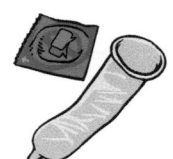

保險套

كاندوم

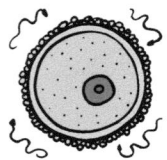

卵子

تخمك

精子

اسپرم

懷孕

حاملگى

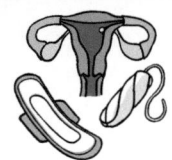

月事

پریود

陰道

واژن

陰莖

آلت تناسلی مرد

眉毛

ابرو

頭髮

مو

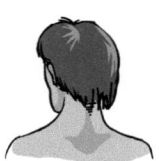

脖子

گردن

醫院

بیمارستان

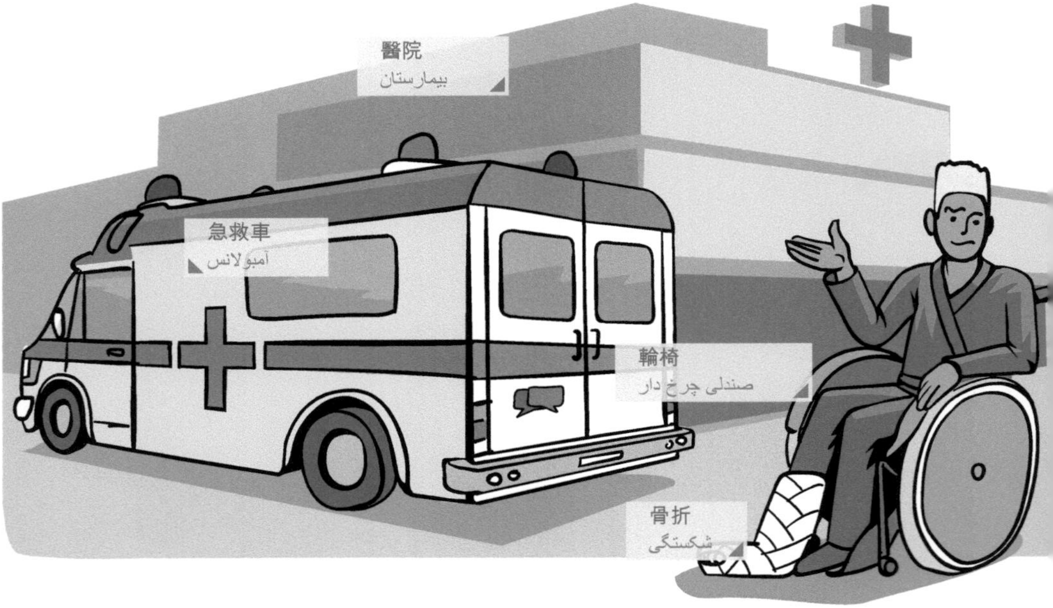

醫院
بیمارستان
急救車
آمبولانس
輪椅
صندلی چرخ دار
骨折
شکستگی

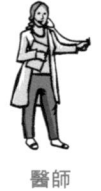

醫師

دکتر

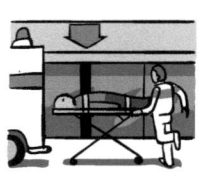

急診室

بخش اورژانس

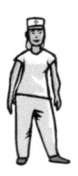

護理師

پرستار

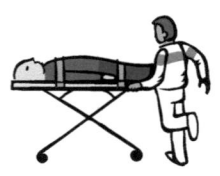

緊急情形

موقعیت اضطراری

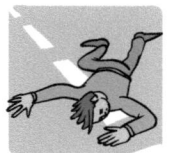

昏迷

بی هوش

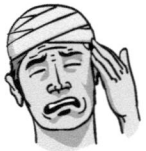

痛

درد

受傷

مصدومیت

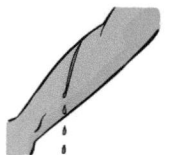

出血

خونریزی

心臟病發作

سکته قلبی

中風

سکته مغزی

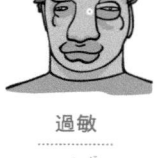

過敏

آلرژی

咳嗽

سرفه

發燒

تب

流感

آنفولانزا

腹瀉

اسهال

頭痛

سردرد

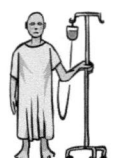

癌症

سرطان

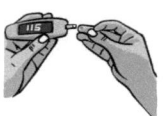

糖尿病

دیابت

外科醫師

جراح

手術刀

چاقوی جراحی

手術

عمل جراحی

電腦斷層掃描

سی تی اسکن

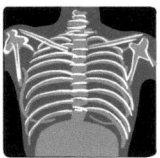

X光

پرتونگاری

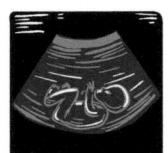

超音波

سونوگرافی

口罩

ماسک صورت

疾病

بیماری

候診室

اتاق انتظار

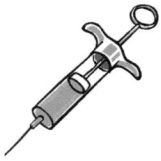

拐杖

چوب زیر بغل

石膏

چسب زخم

繃帶

پانسمان

注射

تزریق

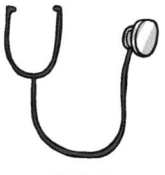

聽診器

گوشی طبی

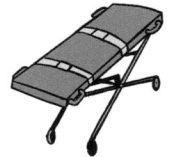

擔架

برانکار

體溫計

دماسنج

出生

زایش

超重

اضافه وزن

助聽器

سمعک

消毒液

ماده ضد غفونی کننده

感染

عفونت

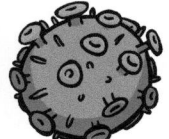

病毒

ویروس

愛滋病

اچ آی وی / ایدز

藥物

دارو

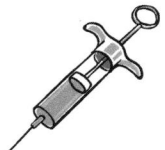

接種疫苗

واکسیناسیون

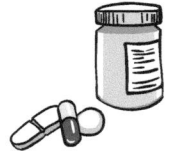

藥片

قرص

藥丸

قرص ضد حاملگی

急救電話

تماس اظطراری

血壓計

دستگاه اندازه گیری فشارخون

生病/健康

مریض / سالم

緊急情形

موقعیت اضطراری

救命！

کمک!

警報

آژیر خطر

突擊

حمله

攻擊

حمله ی فیزیکی

危險

خطر

緊急出口

خروج اظطراری

失火了！

آتش

滅火器

کپسول آتش‌نشانی

意外

تصادف

急救箱

جعبه کمک های اولیه

呼救訊號

درخواست کمک

員警

پلیس

地球

کره زمین

歐洲

اروپا

北美洲

آمریکای شمالی

南美洲

آمریکای جنوبی

非洲

آفریقا

亞洲

آسیا

澳洲

استرالیا

大西洋

اقیا نوس اطلس

太平洋

اقیانوس آرام

印度洋

اقیانوس هند

南冰洋

اقیا نوس اطلس جنوبی

北冰洋

اقیانوس منجمد شمالی

北極

قطب شمال

南極

قطب جنوب

南極洲

قاره قطب جنوب

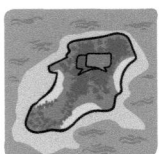

地球

كره زمين

陸地

سرزمين

海

دريا

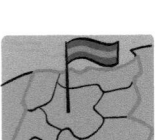

島

جزيره

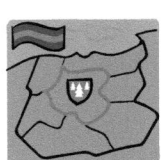

國家

ملت

州

كشور

鐘錶

ساعت

錶盤

صفحه ی ساعت

時針

ساعت شمار

分針

دقیقه شمار

秒針

ثانیه شمار

現在幾點？

ساعت چند است؟

天

روز

時間

زمان

現在

اکنون

電子錶

ساعت دیجیتال

分

دقیقه

時

ساعت

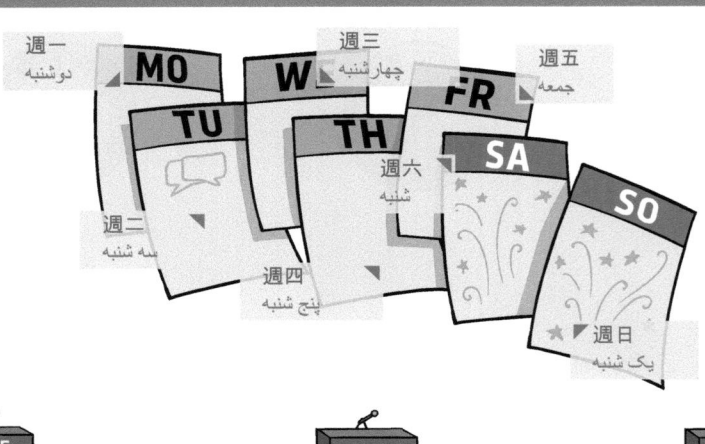

週一 — دوشنبه
週三 — چهارشنبه
週五 — جمعه
週二 — سه شنبه
週四 — پنج شنبه
週六 — شنبه
週日 — یک شنبه

昨天

ديروز

今天

امروز

明天

فردا

早晨

صبح

中午

ظهر

晚上

غروب

MO	TU	WE	TH	FR	SA	SU
1	2	3	4	5	6	7
8	9	10	11	12	13	14
15	16	17	18	19	20	21
22	23	24	25	26	27	28
29	30	31	1	2	3	4

工作日

روزهای کاری

MO	TU	WE	TH	FR	SA	SU
1	2	3	4	5	6	7
8	9	10	11	12	13	14
15	16	17	18	19	20	21
22	23	24	25	26	27	28
29	30	31	1	2	3	4

週末

آخر هفته

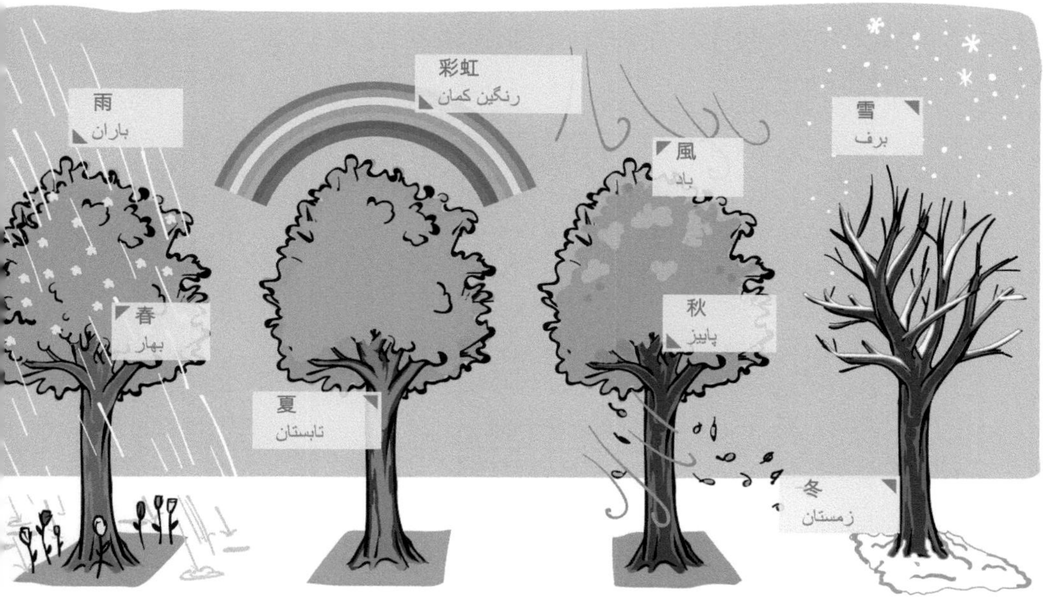

雨
باران
彩虹
رنگین کمان
風
باد
雪
برف
春
بهار
夏
تابستان
秋
پاییز
冬
زمستان

4.APRIL 11°
5.APRIL 4°
6.APRIL 13°
7.APRIL 8°
8.APRIL 10°

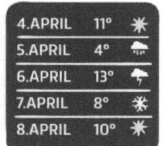

天氣預告

پیش‌بینی اوضاع جوی

F C
120 40
90 30
60 20
30 10
0 0
-30 -10
-20

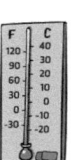

溫度計

دماسنج

陽光

تابش آفتاب

雲

ابر

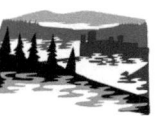

霧

مه

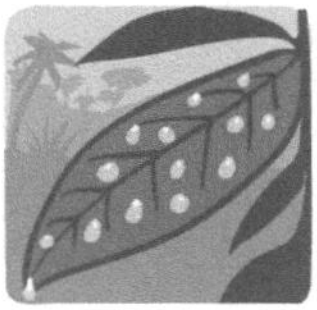

潮濕

رطوبت هوا

閃電

صاعقه

打雷

آسمان غره

風暴

طوفان

冰雹

تگرگ

季風

باد موسمی

洪水

سیل

冰

یخ

一月

ژانویه

二月

فوریه

三月

مارس

四月

آوریل

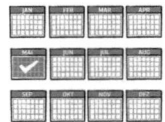

五月

مه

六月

ژوئن

七月

ژوئیه

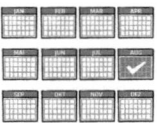

八月

آگوست

九月

سپتامبر

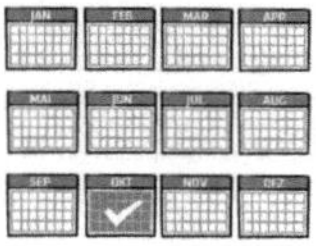

十月

اكتبر

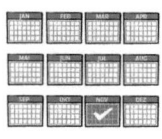

十一月

نوامبر

十二月

دسامبر

形狀
اشكال

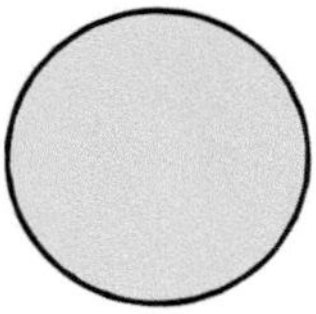

圓形

دايره

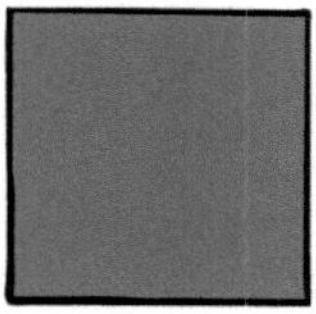

正方形

مربع

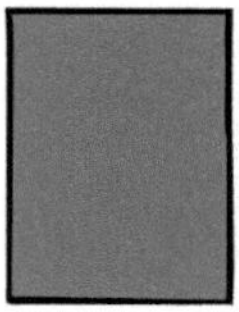

長方形

مستطيل

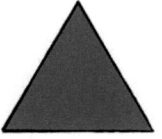

三角形

سه گوش

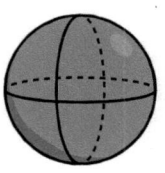

球體

گره

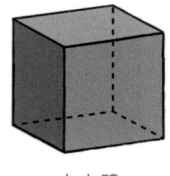

立方體

مكعب مربع

顏色

رنگ ها

白

سفید

黃

زرد

橙

نارنجی

粉

صورتی

紅

قرمز

紫

بنفش

藍

آبی

綠

سبز

棕

قهوه ای

灰

خاکستری

黑

سیاه

很多/少許

خیلی / کم

生氣/平靜

خشمگین/ آرام

美/醜

زیبا / زشت

首/尾

شروع / پایان

大/小

بزرگ / کوچک

明/暗

روشن / تیره

兄弟/姐妹

برادر / خواهر

乾淨/骯髒

تمیز / آلوده

完整/缺失

کامل / ناقص

白天/晚上

روز / شب

死/生

مرده / زنده

寬/窄

پهن / باریک

可食用/非食用

قابل خوردن / غیر قابل خوردن

邪惡/善良

غضبناک / مهربان

興奮/無聊

هیجان زده / بی حوصله

胖/瘦

چاق / لاغر

第一/最後

اولین / آخرین

朋友/敵人

دوست / دشمن

滿/空

پر / خالی

硬/軟

سفت / نرم

重/輕

سنگین / سبک

餓/渴

گرسنگی / تشنگی

生病/健康

مریض / سالم

非法/合法

غیرقانونی / قانونی

聰明/愚笨

باهوش / خنگ

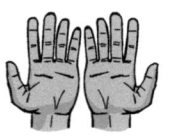

左/右

چپ / راست

近/遠

نزدیک / دور

新/舊

نو / استفاده شده

沒有/有些

هیچ چیز / چیزی

老/幼

پیر / جوان

開/關

روشن / خاموش

打開/闔上

باز / بسته

安靜/吵鬧

آهسته / بلند

富/窮

ثروتمند / فقیر

對/錯

درست / غلط

粗糙/光滑

زبر / صاف

傷心/高興

غمگین / خوشحال

短/長

کوتاه / بلند

慢/快

کند / تند

濕/乾

تر / خشک

溫暖/涼爽

گرم / خنک

戰爭/和平

جنگ / صلح

數字
اعداد

0	**1**	**2**
零	一	二
صفر	یک	دو
3	**4**	**5**
三	四	五
سه	چهار	پنج
6	**7**	**8**
六	七	八
شش	هفت	هشت
9	**10**	**11**
九	十	十一
نه	دَه	یازده

12

十二

دوازده

13

十三

سیزده

14

十四

چهارده

15

十五

پانزده

16

十六

شانزده

17

十七

هفده

18

十八

هجده

19

十九

نوزده

20

二十

بیست

100

百

صد

1.000

千

هزار

1.000.000

百萬

میلیون

語言

زبان ها

英語

انگلیسی

美式英語

انگلیسی آمریکایی

普通話

چینی ماندارین

印地語

هندی

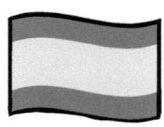

西班牙語

اسپانیایی

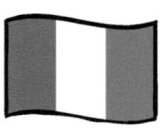

法語

فرانسوی

阿拉伯語

عربی

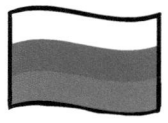

俄語

روسی

葡萄牙語

پرتغالی

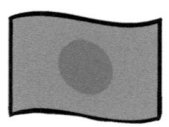

孟加拉語

بنگالی

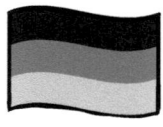

德語

آلمانی

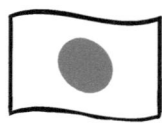

日語

ژاپنی

誰/什麼/如何
چه کسی / چه چیزی / چگونه

我

من

你

تو

他/她/它

او

我們

ما

你們

شما

他們

آنها

誰？

چه کسی؟ کی؟

什麼？

چی؟

如何？

چگونه؟

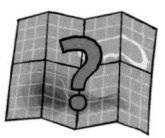

何處？

کجا؟

何時？

کی؟

名字

نام

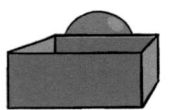

方位
کجا

後面

پشت

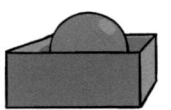

裡面

توی

前面

جلو

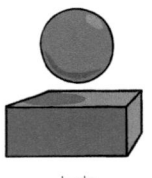

上方

بالای

上面

روی

下麵

زیر

旁邊

مجاور

中間

بین

地點

مکان